DOG WALKER

PASSEADOR DE CÃES

GUIA COMPLETO COM 7 IDEIAS DE COMO AUMENTAR SEUS GANHOS, SINTESE DAS RAÇAS MAIS VENDIDAS NO BRASIL E INFORMAÇÕES COMPLEMENTARES DE SUPORTE A ATIVIDADE.

© Copyright

2018

Todos os direitos reservados e protegidos pela Lei nº 9.610 de 19 de fevereiro de 1998.

Nenhuma parte deste livro, sem autorização prévia por escrito do autor poderá ser reproduzido ou transmitido sejam quais forem os meios empregados: eletrônicos, mecânicos, fotográficos, gravação ou quaisquer outros.

Nota:

Muito zelo e técnica foram empregados na edição desta obra. No entanto, podem ocorrer erros de digitação.
O autor e ou a editora não assumem quaisquer responsabilidades por eventuais danos ou perdas a pessoas ou bens, originados do uso desta publicação.

SUMÁRIO

Apresentação

CAPÍTULO 1: INTRODUÇÃO A PROFISSÃO DE DOG WALKER

O que é Dog Walker?

Como Este Profissional Atua?

Características E Vantagens Encontradas Nessa Atividade

CAPÍTULO 2: REQUISITOS DESEJADOS

Atendimento Aos Proprietários

Cuidados Durante Os Passeios

Explore A Região Do Passeio Antes de Iniciá-lo

CAPÍTULO 3: CONHECIMENTOS E HABILIDADES BÁSICOS

Sobre Coleiras e Guias

Sobre dos Cães Mais Vendidos No Brasil

CAPÍTULO 4: ESTRATÉGIAS DE NEGÓCIO

Ampliando A Visibilidade Dos Seus Serviços E Captando Mais Clientes

Projeção De Ganhos De Um Dog Walker

7 Sugestões de Serviços Agregados Geram Mais Renda Extra

Como Surpreender Seu Cliente E Fidelizá-lo

CAPÍTULO 5: ENCERRAMENTO

Conquiste seu amigo

Lista de Sites Para Buscas de Informações Úteis Complementares e de Associações Protetoras de Animais

Considerações Finais

Apresentação

Estimado leitor!

É com imensa satisfação que compartilho este guia com você. Tenho absoluta certeza que após a assimilação do conteúdo deste material, você será capaz não só de iniciar esta atividade bem lucrativa com mais segurança, mas também conhecerá como é possível maximizar todos os ganhos em trono desta atividade através das 7 dicas de empreendimentos paralelos ao seguimento pet que você poderá explorar.

A proposta desse ebook está além de muitos daqueles que encontramos por aí; cujo conteúdo, muitas vezes, é carregado de apelação, com promessas meio duvidosas de marketing 'vendendo" a ideia de ganhos fáceis com receitas prontas e aparentemente infalíveis de sucesso,

Não. Aqui tive o cuidado de sintetizar todas informações necessárias das quais tenho conhecimento, com o objetivo principal de subsidiar a quem tenha interesse em tornar a atividade de Dog Walker sua atividade principal (caso esteja desempregado) ou secundária para quem busca ter uma renda extra; conhecendo detalhes que lhe vão possibilitar a melhor à tomada desta decisão.

Mas adianto que sim, é possível ganhar dinheiro fazendo isso, e não pouco. Por formação, sou fã do empreendedorismo, atuo neste seguimento gerando renda extra; sou Bacharel de Administração e faço Pós-Graduação de Gestão Estratégica, além de ser dono de dois cães e dois gatos queridíssimos que são meus fiéis companheiros desde 2008.

A gestão é uma peça estratégica nos negócios. Muitos médicos, engenheiros, advogados assim como outros profissionais têm ideias brilhantes de negócios que algumas vezes tem tudo para dar certo, mas não alcançam o êxito desejado por causa da ausência de planejamento, análise de riscos, plano de negócios e outras ferramentas e técnicas capazes de lhe apontar a melhor direção para o sucesso.

Desta forma, neste ebook você conhecerá a profissão de Dog Walker, o que faz, como atua, quanto ganha, projeções de ganhos por número de atendimentos; receberá instruções de como atender para surpreender o cliente "proprietário" e como fidelizá-lo, conhecerá ferramentas de divulgação para absorver clientes além dos aplicativos de dog walkers, terá acesso a 7 ideias de otimização dos ganhos prestando serviços (pet) junto a função. Essas ideias se bem encaixadas podem até mesmo dobrar suas receitas.

Além de orientações de negócios, encontrará informações e detalhes importantes para passeios com animais em vias públicas bem como terá acesso a uma ficha técnica dos cães das 10 raças mais vendidas no Brasil e saberá assim quais cuidados deve ter com cada raça nos passeios, além de outras dicas que enriquecerá a prestação do seu serviço.

Tenho certeza que se você escolheu essa atividade como profissão (de tempo integral ou parcial) não foi só porque você quer ganhar muito dinheiro, mas porque, assim como eu, é um amante desses animais e é por isso que essa leitura será leve, agradável e enriquecedora pois frequentemente estarei falando da importância e da possibilidade de trocas que esses peludos proporcionam aos donos e a nós mesmos.

Boa leitura e sucesso com eles!

CAPÍTULO 1: INTRODUÇÃO A PROFISSÃO DE DOG WALKER

O que é Dog Walker?

O mercado Pet no Brasil atravessou 2017 somando nada menos que 25 bilhões de reais em negócios e continua em crescimento.

Segundo pesquisas do Instituto Brasileiro de Geografia e Estatística (IBGE), 44% dos lares brasileiros possuem, ao menos, um cachorro.

Nesse mercado gigantesco abriu-se uma tendência promissora: a possibilidade de renda variável para diversas pessoas através dessa profissão,

As possibilidades de gerar uma renda alta àqueles que se dedicarem nessa atividade são possíveis, tão igual como é possível obter renda extra no final do mês com apenas algumas horas de dedicação.

Assim, Dog Walker (passeador de cachorro em tradução livre) é aquele profissional que se oferece para passear com cães de terceiros, mediante remuneração. Nessa atividade ele promove a atividade física e mental do animal por meio de deslocamentos monitorados.

O surgimento da profissão se deu principalmente em áreas urbanas devido à falta de tempo dos donos para oferecer um passeio diário aos seus bichinhos. Esses necessitam muito mais do que da alimentação e água; precisam de carinho e atenção.

Com isso o papel do Dog Walker assume uma importância fundamental ao promover saúde física e psicológica, desenvolvendo o bem-estar do animal e, muito além; dando-lhe o carinho e atenção desejados.

Portanto se você está pensando em ganhar dinheiro com esta atividade precisa se identificar com ela, em outras palavras; amar os animais.

A profissão está em franca expansão no Brasil e muita gente está lucrando com ela, porém, apesar da capilaridade do mercado, é importante que esse seja ocupado por profissionais capacitados.

Como Este Profissional Atua?

A profissão não demanda muitos investimentos físicos, mas sim em treinamento e preparo físico. Espera-se deste profissional conhecimentos e capacidades na área de adestramento e comportamento animal bem como de transmissão de confiança, segurança e respeito ao dono e ao pet.

Um dog walker pode trabalhar com vários clientes em diferentes horários pré combinados, pode até mesmo passear com vários cães concomitantemente (se dominar a técnica de andar com matilhas).

Cada passeio com cada animal dura em torno de uma hora e geralmente é combinado com o próprio dono do cãozinho a região e o trajeto, que tende a ser no entorno dos bairros próximos a residência.

Outras atividades podem ser prestadas pelo profissional paralelamente se ele possuir tais habilidades extras; como fazer a aplicação de medicamentos, oferecer adestramentos etc. - aprofundaremos esse tópico mais adiante - o que pode gerar um incremento de renda extra também.

É importante que o Dog Walker tome nota dos cuidados e instruções repassadas pelos proprietários. Sugere-se que mantenha consigo uma agenda (eletrônica no celular ou impressa) com todas informações indicadas sobre: (contato com pessoas, lixo doméstico, outros animais, alimentação etc.)

Durante o passeio você que é o responsável e qualquer emergência que surgir terá que ser resolvida por você, neste caso é essencial conhecer tudo sobre a raça do pet, principalmente sobre seu comportamento em momentos de estresse para saber qual melhor maneira de agir.

Nunca haja com violência ou agressividade com o animal, seja física ou verbal, existem técnicas para o controle de várias situações. Algumas serão repassadas no tópico Habilidades Com os Animais, mas recomenda-se um curso de técnicas de adestramento.

Lembre-se que o passeio oportuniza o estreitamento de laços entre tutor e animal, aproveite para "quebrar o gelo" com ele oferecendo-lhe uma caminhada agradável em um parque ou proporcionando-lhe brincadeiras em um gramado.

Características e Vantagens Encontradas Nessa Atividade

A escolhe em ser um dog walker trás diversos benefícios para aquele que decidem empreender na profissão, de praxe, o fato da independência de um chefe como muitos dizem por aí é relativa; porque você não terá um chefe no seu calcanhar o tempo todo, mas sim, receberá ordens, instruções e responsabilidades de cada um dos proprietários de animais. Mas calma, nem tudo está perdido, a profissão oferece muito mais benefícios, veja:

- Flexibilidade de horários: você coordena sua agenda, seus horários, locais e ritmo de trabalho. Não há pressão por produtividade quantitativa, mas qualitativa.

- Renda: muitas pessoas estão deixando seus trabalhos formais para exercer a atividade, outros apenas complementam o orçamento, seja como atividade principal ou renda extra, há a possibilidade de ótimos ganhos e o mercado está em expansão.

- Networking: o contato com diversas pessoas em diversos lugares lhe dá a oportunidade de compartilhar conhecimentos, fazer trocas e criar conexões com diversas pessoas. Formar uma rede de contatos é sempre a melhor maneira para crescer pessoal e profissionalmente.

- Saúde Física: a OMS (Organização Mundial da Saúde) sugere que uma caminhada diária de 30 min é o suficiente para ajudar a aumentar a frequência cardíaca, o que já é bom para manter a saúde em ordem. Há pesquisas que apontam números interessantes: 1 hora de caminhada pode lhe proporcionar 10.000 passos ou a média de 8,5 km percorridos. Se isso já seria suficiente, imagina várias horas?

- Saúde Emocional: não é à toa que cães são usados inclusive na recuperação de pacientes em hospitais; existem cães treinados para exercer a cão terapia, pois, inegavelmente, eles trazem benefícios a nossa psique muitos estudos afirmando isso. Além de nos tirar do sedentarismo, eles nos proporcionam equilíbrio emocional, reduzindo o estresse, e melhorando o equilíbrio mental e social.

CAPÍTULO 2: REQUISITOS DESEJADOS

Atendimento Aos Proprietários

Não é porque você vai trabalhar com animais que você não precisará de habilidades com pessoas. Lembre-se: você trabalhará **com** animais (os cães), **para pessoas** (seus donos).

Assim, relacionamento interpessoal é tão importante quanto conhecimentos técnicos com os pets. Antes de entregar seu bichinho nas mãos de um estranho, o proprietário buscará em você a confiança e segurança para tal condição.

Não se surpreenda se antes do passeio você seja sabatinado, isso será normal. Veja como se pode melhorar esse aspecto:

1) Aprenda a exercer a automonitoria: significa, segundo Del Prette (2008) significa desenvolver a habilidade metacognitiva e afetivo-comportamental com a qual você seja capaz de observar, descrever, interpretar e regular os próprios pensamentos, comportamentos e sentimentos em situações sociais.

2) Habilidades de comunicação: é através dela que você conquistará a confiança dos clientes e impulsionará seus negócios. É de extrema relevância na atividade de dog walker (não só nela, mas em qualquer área da nossa sociedade) mas aqui ela ganha uma força significativa. A comunicação se classifica em verbal e não verbal e ambas estão presentes no contato *face to face*. Veja algumas dicas de como fazer e responder perguntas, dar e receber feedback, gratificar e elogiar e iniciar, manter e encerrar uma conversação;

- fazer e responder perguntas: apesar de parecer óbvio, exige do indivíduo discernimento e flexibilidade para aumentar a capacidade de expressá-las utilizando formas, conteúdo e funções adequadas como a correta entonação e volume da voz. A fisionomia do rosto e a "mímica" do corpo adquirem funções numa pergunta, tais como: pedido, sugestão, ordem ou intimidação. Saber lidar com essas funções valoriza sua pergunta e agrega qualidade as suas respostas.

- receber e dar feedback: na atividade de dog walker essa pode ser uma das habilidades diferenciadas entre bons e más profissionais. Podemos definir feedback como um ajuste de desempenhos, onde temos a possibilidade de regular as metas e resultados com aqueles que convivemos promovendo o crescimento de todos.

Encarar um feedback negativo vendo-o como oportunidade de crescer naquele aspecto é fundamental, pois ninguém nasce sabendo tudo.

Também é importante evitar animosidade e reações defensivas ao receber um feedback negativo. E como dar um feedback negativo?

Nunca esqueça antes de valorizar aspectos positivos e sempre usar uma linguagem simples usando um tom de voz tênue e pausado, com o intuito de assegurar a compreensão do interlocutor.

O feedback positivo é importante no sentido de reforçar a probabilidade de desempenhos positivos voltarem a sobrevir.

- gratificar e elogiar: é uma competência geralmente ligada a indivíduos que exercem liderança, carisma e popularidade, mas que pode ser desenvolvida e aprimorada por qualquer pessoa. Reforça e valoriza as relações sociais, conectando-as a empatia dos ouvintes. Mas tenha isso em mente: qualquer que seja o comentário positivo deve ser sempre sincero e apropriado.

- iniciar, manter e encerrar uma conversação: ao tentar se estabelecer o início de uma conversa algumas situações podem parecer obstaculizante, elas envolvem, por exemplo, o local, o tempo disponível, as reações envolvidas (ansiedade, estado de humor) então lembre-se daquelas regras de ouro que sempre ouvimos: olhe nos olhos da pessoa, cumprimente, se apresente, exponha as razões de estar ali demonstre senso de humor.

Para manter uma conversa procure fazer perguntas e dar respostas abertas, se por exemplo lhe perguntarem: "você mora perto?" Ao invés de responder "sim" ou "não" responda: "não, no entanto saio bastante de casa e tenho amigos/parentes que moram próximo daqui".

Respondendo assim você oferece a pessoa a possibilidade de explorar os aspectos da resposta e manter o diálogo. Para encerrar uma conversa, ao contrário, use perguntas/respostas fechadas e observe a linguagem corporal, o corpo fala, e muito!

Pés direcionados para a saída (porta ou rua) e diminuição de olhares ao interagir podem significar desinteresse em manter o diálogo, é interessante se aprofundar nesse aspecto da comunicação para melhorarmos nossa empatia e poder de influenciar em uma conversa.

Cuidados durante o passeio

Esse momento requer toda atenção e cuidado pelo Dog Walker, pois é o momento de pôr em prática a "razão de ser" Dog Walker. Como vimos rapidamente antes, você estará conduzindo um ser de valor sentimental (e por vezes financeiro) de uma família, talvez uma criança, de um idoso... e precisa cuidá-lo como se fosse seu.

Ao dar início a caminhada, você deve fazer um check list com vários requisitos para sair tranquilo, um modelo será disponibilizado no final desse livro. Aqui segue algumas recomendações importantes:

1) Certifique-se com o proprietário que o animal está com as vacinas em dia, bem alimentado e se bebeu água recentemente. Procure conversar e saber se o bichinho se sentiu indisposto ou teve alguma atitude estranha um dia antes. Preferencialmente leve a carteira de vacinação consigo para caso de emergência.

2) Recomenda-se que em dias ou horários onde a temperatura esteja muito elevada seja transportado uma quantia razoável de água para o animal. A fadiga e o calor podem deixa-lo desidratado antes do término do passeio.

Dica: leve 70 ml de água para cada kg de peso do cão, isso será suficiente para todo o passeio e você não levará peso extra desnecessariamente. Gengivas úmidas significam que o bichinho está hidratado, do contrário, ofereça-lhe água.

3) Também não esqueça de portar um saquinho para a coleta de dejetos se for necessário. Como já dissemos, a responsabilidade por tudo que ocorre com o animal na rua é sua.

A vizinhança vai agradecer e você não manchará sua reputação naquela região. Além disso, é um dever de todos nós que vivemos em sociedade manter a cidade limpa, não é mesmo?

4) Leve poucos pertences para não fazer esforço extra e, por mais que pareça automático no nosso cotidiano, não custa reforçar o recado: não manuseie o celular, câmeras fotográficas, carteiras e objetos de valor na rua, pessoas mal-intencionadas podem estar a espreita para praticar assaltos.

5) Se possível, peça ao proprietário a utilização de placa de identificação do animal, daquelas tipo pingente, onde contenha nome e contato em caso do cãozinho se perca e seja achado ou qualquer sinistro desse tipo.

Explore A Região Do Passeio Antes de Iniciá-lo

Procure conhecer bem a região por onde irá passear. Essa informação servirá para garantir sua integridade e a do animal, além de saber onde poderá pedir auxílio em caso de necessidade.

Se informe sobre veterinárias, delegacias e outras instituições que você poderá se dirigir em caso de emergências.

De preferência tenha esses contatos a mão, numa agenda ou no seu smartphone (telefone e endereços).

CAPÍTULO 3: CONHECIMENTOS E HABILIDADES BÁSICOS

Sobre Coleiras e Guias

As coleiras e as guias são sua principal ferramenta de manuseio e transporte em segurança do animal. A legislação da maioria dos estados exige que determinadas raças só circulem em locais públicos com determinados equipamentos, veremos nesse tópico.

Ao buscar o pet, examine se a coleira no pescoço do animal, está afivelada adequadamente, em outras palavras, nem frouxa, nem apertada. Imagine se o pet se empolga com a caminhada e se solta? Dependendo do local e trânsito próximos, isso pode ter um desfecho trágico!

Conforme o tamanho, peso, força e temperamento do animal existem coleiras apropriadas. Alguns deles nem mesmo suportam ficar com elas no pescoço porque não foram habituados desde cedo assim. Contudo, ela é um item obrigatório em diversos estados brasileiros sendo uma exigência legal.

Cada estado possui sua legislação para o tema. Veja:

Minas Gerais: uso obrigatório de focinheiras em vias públicas para raças com grande força e porte como rottweiler, pit bull, dobermann,

São Paulo segue essa linha: exigência de guia curta, focinheira e enforcador que algumas raças consideradas de risco em público como, rottweiller, Mastim Napolitano, entre outras.

Porto Alegre é um pouco mais rígida e proíbe a circulação em locais públicos de raças consideradas *"de guarda, combate ou outra aptidão caracterizada por força e agressividade"*.

Paraná também disciplinou a questão e está previsto em lei a obrigatoriedade de focinheiras em parques, praças e demais lugares de grande circulação de crianças e pessoas.

No Rio de Janeiro há a exigência de focinheira em animais bravos considerando animais assim todos aqueles que tem índole de "fera" ou colocam em risco qualquer cidadão.

Em Santa Catarina além do dever de usar os equipamentos já citados, só maiores de 18 anos podem conduzir animais da raça pitbul.

Mato Grosso do Sul: dobermann, pastor alemão, fila, pitbul, rotweiller e demais cães com características semelhantes devem usar enforcador, coleira curta e focinheira.

Mato Grosso fila, rotweiller, pit bul, fila, dobermann entre outros assemelhados devem portar registro, comprovante de vacinação e adestramento além dos equipamentos de segurança focinheira e enforcador.

No Rio Grande do Norte não há exceção; todos cães devem usar peitoral, coleira e com guia.

Alagoas exige a carteira de vacinação em circulação pública, coleira e focinheira.

No Maranhão o condutor do animal tem que ser maior de 18 anos, conduzir sua identidade e carteira de vacinação do cachorro que deve estar em guia, enforcador e focinheira apropriados para seu tamanho e porte.

Tipos de coleiras mais utilizados:

TIPO	APLICAÇÃO
Coleira para cachorro grande	animais cujo tamanho não combina com sua personalidade sossegada, exemplos: labrador e golden
Coleira para cachorro tradicional	coleiras mais populares não requerem nenhuma propulsão no animal são aquelas fechadas por fivela
Coleira para cachorro peitoral	não é indicada para usos prolongados nem para animais com muito pelo
Coleira para cachorro com deslize	animais de pequeno porte onde as coleiras mais tradicionais escapam, essa passa pelo entorno externo do pescoço do animal evitando que escorrega

A coleira mais indicada para passeios e adestramento são as conhecidas como GL (Gentle Leader) e Easy Walk, pois foram projetadas de modo que o condutor possa liderar o animal sem uso de força ou puxões que o possam machucar.

Outra questão é quanto a guia. Existem várias no mercado, carregue sempre uma com você em caso de necessidade, mas nunca esqueça: a decisão da melhor coleira e/ou guia para o animal é do proprietário!

Guias

As <u>guias tradicionais</u> são indicadas para passeios em calçadas e costumam ter um comprimento de até 1,5 metros.

São consideradas <u>guias de treinamento</u> aquelas que apesar da extensão (sempre maior que 1,8 m) permitam total controle do animal.

Existem também as <u>guias extensoras</u> que permitem até 10 metros de deslocamento do pet, necessitando assim ser usada longe de veículos e conglomerados.

Sobre Os Cães Mais Vendidos No Brasil

Os cães surgiram através da domesticação dos lobos, há milhares de anos. As raças surgiram aproximadamente a partir de 350 anos atrás. Isso aconteceu porque o homem começou separar **cães com determinadas características** para se reproduzir. Segundo a Federação Internacional de Cinologia, entidade responsável pelo registro de raças, estima-se em torno de 400 tipos existentes hoje no mundo.

É importante considerarmos o valor sentimental que um bichinho tem para uma pessoa. Em muitas famílias, eles são considerados "membros" 'ou filhos" e para outras, pode ser sua única companhia em casa. Também existem aqueles cães que têm um papel fundamental no tratamento e/ou recuperação de crianças, idosos doentes... ou seja, **sua responsabilidade sobre essas**

vidas é enorme, e todo conhecimento adquirido para melhor proteger e lidar com os pets será essencial.

Sempre inferior ao valor sentimental, mas tão importante quanto e que não deve ser ignorado pelos Dog Walker é lembrar o valor financeiro que determinados animais possuem. No Brasil, segundo informações de revendedores, a raça mais cara é a Spitz Alemão, também chamado de Lulu da Pomerânea, que pode custar até R$ 16.000,00.

Assim, reforçamos que todo conhecimento sobre o animal que você levará para passear é válido, mas não se preocupe se você não conhece todas as 400 raças existentes, o conhecimento é um processo gradual que se aprimora e absorve com o tempo e recorrência. Neste ebook colocaremos as principais características das 10 raças mais vendidas no Brasil. Vamos lá:

1 – Vira Latas ou SRD

Surpreso com a constatação? Por mais incrível que pareça, é a mais pura verdade. Esse é o cãozinho mais querido entre as pessoas. Muitas vezes são adotados por isso possuem a maior popularidade.

Possuem a fama de serem os mais fiéis e possuem maior resistência as doenças. Existe um contraponto aqui: há quem diga que isso seja mítico. Mas um fato é verdade: devido essa "fama" muitos donos deixam de vacinar os cachorros e assim permitem que sua imunidade fique aberta às doenças. Isso deve ser considerado no momento em que o dog walker pretenda passear com outros cães de outras raças.

Os vira latas ou SRD (sigla que significa Sem Raça Definida) demonstram de maneira fácil e rápida ao seu tutor sua inteligência, expertise e afeto. Tem a fama de brincalhões e geralmente donos de uma personalidade forte.

Devido à falta de padronização na cruza dessas raças seus comportamentos são variados, pois podem provir de duas ou mais raças. Deste modo cabe ao Dog Walker observar e conhecer o pet e assimilar seus traços de personalidade pessoal de passeio a passeio.

2 – Poodle

Os ancestrais que originaram essa raça eram grandes caçadores no pântano, até que foram miniaturizados e levados  aos palácios onde mais tarde, graças a seus pelos em forma de corda, espessa e lanosa conquistaram os salões da moda. Possuem até 4 variações de tamanho sendo a mais querida pelo público a Toy. É um cão super sociável e dócil. Dentre as raças de pequeno porte considera-se esta a mais sábia.

Seu comportamento denota uma fidelidade sem igual, tem extremo apego ao dono o qual mantem uma estreitíssima relação, a ponto de acompanha-lo onde quer que ele for. Possui grande capacidade e velocidade de aprendizagem pois é considerada a segunda raça mais inteligente do planeta.

São muito afetuosos, adoram brincadeiras com atividades esportivas e são donos de uma resistência enorme; não se entregam fácil ao cansaço.

O adestramento dessa raça possui a vantagem de que possuem alta capacidade de memorização. Graças a essa habilidade os poodles conseguem emprego fácil na área circense.

Um incômodo bastante difundido pelos proprietários desta raça é que devido seu comportamento protetor e sua habilidade observadora, ele tende a latir bastante na presença de estranhos ou na ausência das pessoas em casa.

Daí entra uma oportunidade de o Dog Walker oferecer serviços extra de adestramento (se possuir) para amenizar os latidos. Quanto mais cedo acontecer o adestramento melhor será o aproveitamento da inteligência desse bichinho. Contudo exige um adestramento firme dado ao apego com os proprietários.

Poodle - características	avaliação	Ficha Técnica	
Nivel de Energia		Altura	até 28 cm
Resistência Exercício	☺☺	Peso	4,5
Humor	☺☺☺☺☺	Cores	cinza, branco, preto, castanho ou damasco
Afetividade	☺☺☺☺	Expectativa de vida	12 anos
Adestramento	☺☺☺☺☺	Personalidade	muito alegre e fiel
Cão de Alerta	☺☺☺☺☺	Relação com crianças	excelente
Cão de Guarda	☺	Relação com cães	bom
Cuidados	☺☺☺☺☺	Competências	cão de cia
Outros Cães	☺☺☺	Necessidade de Espaço	adaptável a espaços pequenos
Clima Frio	☺☺	Cuidados	muito
Clima Quente	☺☺☺	Custo para manter	mediano
Espaço Necessário			
Crianças	☺☺☺☺☺		

3 – **Pinscher Alemão**

Originário da Alemanha como o próprio nome indica, dono de um extravagante senso de humor, também é um cão muito corajoso.

Comporta-se de maneira enérgica e ativa e é muito simpático com os donos. Mas não demonstra o mesmo comportamento com crianças e estranhos, podendo até morder.

Devido sua hiperatividade esse tipo de raça requer muita atividade física e estímulo mental para facilitar seu desenvolvimento.

Atenção passeadores de cães: sabem a frase "a curiosidade matou o gato?" Ela pode ser aplicada aos pinschers também; ele não mede esforços para saciar sua curiosidade podendo até ir em lugares arriscados. Apesar disso é um excelente trotador; é dono de um caminhar harmonioso e desinibido.

O nicho de atividade extra aqui é oferecer aos donos <u>treinamento de obediência</u>, visto que a energia e temperamento do pinscher facilmente o leva a aprontar algumas mesmas até dentro de casa.

A síndrome do cão tremedor muito comum nessa raça deve-se por causa de uma desordem neurológica associada a inflamação no sistema nervoso central. É tratável, mas muitas vezes simplesmente confundida com hipotermia ou apreensão.

Pinscher Alemão - características	avaliação	Ficha Técnica	
Nível de Energia	☺☺☺☺☺	Altura	de 25 cm a 30 cm
Resistência Exercício	☺☺	Peso	2 kg
Humor	☺☺☺☺	Cores	castanho, preto e marrom avermelhado
Afetividade	☺☺☺☺☺	Expectativa de vida	12 anos
Adestramento	☺☺☺	Personalidade	vivacidade
Cão de Alerta	☺☺	Relação com crianças	muito bom
Cão de Guarda	☺☺	Relação com cães	sem objeções
Cuidados	☺☺	Competências	cão de cia
Outros Cães	☺☺☺	Necessidade de Espaço	adaptável a ambientes internos
Clima Frio	☺☺☺☺	Cuidados	nenhum
Clima Quente	☺☺☺	Custo para manter	mínimo
Espaço Necessário			
Crianças	☺☺☺☺		

4 – Labrador

Essa raça destaca-se pelos serviços que presta às autoridades policiais seja na busca por sobreviventes ou mesmo na detecção de  drogas. Isso se deve graças sua alta capacidade olfativa, que lhe permite reconhecer qualquer objeto ou substância pelo cheiro o que lhe rendeu o título de excelente cão guia.

É atualmente a raça de cachorro mais vendida no mundo talvez por conquistar a empatia de muita gente, pois é um cão brincalhão, dinâmico e companheiro. Cheio de bondade e compaixão, é capaz de compartilhar de igual para igual as tristezas e alegrias dos donos.

Durante sua juventude possui muita energia e adora uma brincadeira, mas ao envelhecerem tornam-se mais quietos. Possuem uma interatividade com crianças sem igual, pois brincam e participam das suas brincadeiras sem serem forçados. São bastante utilizados também no tratamento as pessoas por cão terapia e como companhia de idosos.

Devido seu tamanho (ele é um cão grande) necessita morar em espaços amplos e de passeios regulares para a garantia da sua saúde física e mental, pois precisam muito de exercícios, tendo em vista que ele tem a tendência a ter sobrepeso. Seu nível de estresse também aumenta com a ociosidade desenvolvendo comportamentos destrutivos em casa.

Labrador - características	avaliação	Ficha Técnica	
Nivel de Energia	☺☺☺☺	Altura	56,5 cm
Resistência Exercício	☺☺☺	Peso	30 kg a 35 kg
Humor	☺☺☺☺☺	Cores	preto, amarelo ou chocolate
Afetividade	☺☺☺☺☺	Expectativa de vida	12 anos
Adestramento		Personalidade	adaptabilidade
Cão de Alerta	☺☺☺☺	Relação com crianças	excelente
Cão de Guarda	☺☺	Relação com cães	muito bom
Cuidados	☺☺	Competências	cão de cia, caça e orientador de cegos
Outros Cães	☺☺☺☺	Necessidade de Espaço	casa com quintal
Clima Frio	☺☺☺☺	Cuidados	nenhum
Clima Quente	☺☺☺	Custo para manter	razoável
Espaço Necessário	☺☺☺		
Crianças	☺☺☺☺☺		

5 – Yorkshire Terrier

É o preferido pelas mulheres e um dos mais queridos do Brasil. Originário da Inglaterra, era bastante usado em fábricas para "desratizá-las" e pertencia a classe de trabalhadores. Essa raça possui mais de 100 anos de existência.

Possui uma personalidade independente, mas adora brincar e retribui todo afeto que recebe, se dá bem com crianças e em casa nota-se sua presença onipresente por todos os lados.

Justamente por causa dessa energia, necessitam de passeios constantes. Não se intimidam por cães de maior porte e defendem seu território com personalidade.

Devido seus pelos longos, necessita de cuidados de higiene mais constantes, como a escovação e penteado. Ótima oportunidade para a oferta de um "Plus" na oferta de serviços e consequentemente na sua renda.

Essa raça possui uma peculiaridade que o Dog Walker deve estar atento: é comum sofrerem de luxação de patela e deslocamento da tíbia. Mais adiante, daremos sugestões de como proceder em caso de observar algum problema nos animais.

Yorkshire - caracteristicas	avaliação	Ficha Técnica	
Nivel de Energia	☺☺☺☺	Altura	de 17 cm a 22 cm
Resistência Exercício	☺	Peso	3 kg
Humor	☺☺☺☺	Cores	azul aço escuro
Afetividade	☺☺☺	Expectativa de vida	10 anos
Adestramento	☺☺	Personalidade	travesso e apegado
Cão de Alerta	☺☺☺☺☺	Relação com crianças	muito bom
Cão de Guarda	☺	Relação com cães	bom
Cuidados	☺☺☺☺	Competências	cão de cia
Outros Cães	☺☺	Necessidade de Espaço	pouco espaço, mas precisa de passeios
Clima Frio	☺☺	Cuidados	escovação, penteado e banho
Clima Quente	☺☺☺	Custo para manter	mediano
Espaço Necessário			
Crianças			

6 – Shih Tzu

O Shih Tzu (pequeno leão em chinês) tem esse nome em menção aos "leões sagrados chineses" e é uma raça muito antiga, para se ter ideia, ele serviu de animal doméstico durante a Dinastia Min sendo bastante reverenciado nos palácios.

Pode ser considerado de todos os cães, o mais urbano, já que adapta-se muito bem ao barulho e a vários tipos de ambiente. Com grande facilidade, adquire empatia por qualquer pessoa que se aproxima e é ideal para aquelas pessoas que moram em locais pequenos e/ou sozinhas, tendo a vantagem de que é um cão que late pouco.

Não é comum esse tipo de raça andar pela coleira nem precisar de um passeador, visto que é muito apegado com o proprietário e pode se satisfazer simplesmente estando no sofá ao lado dele por horas. Não significa que seja uma raça menos ativa, mas possui um perfil bem mais sossegado

Tem ótima relações com outros cães e animais em geral, como os gatos por exemplo. Assim como o Yorkshire, sua maior necessidade está nos pelos longos, necessitando de higienização mais frequentes. E igualmente tem propensão a problemas ósseos, como a tíbia.

O adestramento requer paciência e pulso já que são resistentes e teimosos. No ranking de cães inteligentes, o shih tzu ocupa a 70º colocação. Nesse sentido, quanto mais cedo iniciar o adestramento mais fácil se torna. Apesar disso, essa raça tem um ouvido afinado, sendo classificada como de cão de alerta.

Shih Tzu - características	avaliação	Ficha Técnica	
Nível de Energia	☺☺☺	Altura	27 cm
Resistência Exercício	☺	Peso	4,5 kg a 8 kg
Humor	☺☺☺☺	Cores	branco, tigrado, castanho, preto e dourado
Afetividade	☺☺☺	Expectativa de vida	10 a 16 anos
Adestramento	☺☺	Personalidade	carinhoso, independente
Cão de Alerta	☺☺☺	Relação com crianças	muito bom
Cão de Guarda	☺	Relação com cães	bom
Cuidados	☺☺☺☺	Competências	cão de cia
Outros Cães	☺☺☺☺	Necessidade de Espaço	pouco espaço
Clima Frio	☺☺	Cuidados	escovação, penteado e banho
Clima Quente	☺	Custo para manter	mediano
Espaço Necessário			
Crianças			

7 – Maltês

Extremamente popular no Brasil, tem fama de se adaptar muito bem em casas pequenas e sem pátio ou apartamentos, compreensível, já que em toda sua vida ele não ultrapassará os 25cm de altura e 4 kg de peso.

Sobre o comportamento desses cãezinhos costuma-se dizer que são pouco tolerantes as brincadeiras de crianças, mas figura entre os cães de companhia e são super apegados aos donos, sua felicidade é transparente e visível. Costumam ser dóceis, tranquilos, alegres, educados e gentis com uma personalidade cativante.

Conforme informado no site da AKC – American Kennel Club, esse cão costuma latir em situações específicas tais como excitado em brincadeiras, feliz com o retorno do dono ou a proximidade de estranhos em seu território. Pode-se dizer que de modo geral é um cachorro silencioso.

Contudo, gostam de praticar atividades físicas e necessitam de muita caminhada, recomenda-se até mais de uma por dia, principalmente se viverem em espaços pequenos. Não reagem bem a solidão necessitando de companhia constante e sofrendo quando ficam sozinhos em casa.

Maltês - características	avaliação	Ficha Técnica	
Nível de Energia	☺☺☺☺	Altura	21 a 25 cm
Resistência Exercício	☺	Peso	3 kg a 4 kg
Humor	☺☺☺☺	Cores	branca
Afetividade	☺☺☺	Expectativa de vida	12 a 14 anos
Adestramento	☺☺	Personalidade	carinhoso, independente
Cão de Alerta	☺☺☺	Relação com crianças	muito bom
Cão de Guarda	☺	Relação com cães	bom
Cuidados	☺☺☺☺	Competências	cão de cia
Outros Cães	☺☺☺	Necessidade de Espaço	pouco espaço
Clima Frio	☺☺☺	Cuidados	escovação, penteado e banho
Clima Quente	☺☺	Custo para manter	mediano
Espaço Necessário			
Crianças			

8 – Pug

Muito amigável com as crianças e com uma fisionomia divertida e distinta, esse dócil cachorro é originário da Ásia, mas caiu no gosto dos europeus figurando em várias pinturas de retratos de famílias nobres, Até chegar as terras tupiniquins.

Tem uma personalidade protetora, defendendo seus donos se assim entender necessário. Seus donos precisam ter um cuidado especial a sua alimentação, pois possuem grandes tendências à obesidade.

Seu comportamento é dos mais elogiados, possui facilidade de interação com outros animais e também com as pessoas, incluindo estranhos. Serenidade e determinação são seus traços característicos, o que o torna temperamentalmente estável.

Geralmente é escolhido por essa razão entre as famílias, principalmente por aquelas que já possuem outro animal de estimação em casa. Se o Dog Walker tiver algum outro passeio no mesmo horário com o Pug, vá tranquilo, as chances de se darem bem são enormes!!

Ah! Não há porque se assustar com seus latidos e grunhidos, que dão a impressão que o animal está passando mal as vezes; são característicos da raça latidos semelhantes a roncos e esses grunhidos. Apesar desse detalhe, o Pug é considerado um cão silencioso.

Pug - características	avaliação	Ficha Técnica	
Nível de Energia	☺☺☺	Altura	35 cm
Resistência Exercício	☺☺	Peso	8 kg
Humor	☺☺☺☺	Cores	prateado, preto ou bege
Afetividade	☺☺☺☺	Expectativa de vida	10 a 12 anos
Adestramento	☺☺☺	Personalidade	sociável, tranquilo
Cão de Alerta	☺☺☺☺☺	Relação com crianças	muito bom
Cão de Guarda	☺	Relação com cães	boa
Cuidados		Competências	cão de cia
Outros Cães	☺☺☺	Necessidade de Espaço	adaptável
Clima Frio	☺☺☺	Cuidados	
Clima Quente	☺	Custo para manter	mediano
Espaço Necessário			
Crianças			

9 - Golden Retrieven

Essa raça já ocupou o posto de mais vendida do mundo, dada sua excêntrica personalidade, cheia de elogios pelas suas várias qualidades.

A começo, é desejado tanto no campo quanto na cidade, pois além de dócil e afável com crianças, é muito inteligente, a ponto de ajudar desde em pescarias até em buscas, já que é um grande caçador. Também é bastante requisitado no tratamento de pessoas portadoras de necessidades especiais, tanto físico-motoras quanto mentais.

Há razões de sobra para esse cãozinho ser tão requisitado; é uma raça muito inteligente e possui exímia capacidade de aprender rapidamente muitas instruções. Ou seja, é uma raça excelente para adestramento. Por isso mesmo o Golden Retrieven possui um currículo invejável; cão guia, cão rastreador, cão de salvamento e cão de terapia.

Possui uma personalidade alegre, é muito afável, cheio de disposição, dono de uma paciência inigualável e muito dócil. É um cachorro que chama atenção pelos latidos, seja chamando o tutor para alertá-lo sobre algo ou para convidá-lo a brincar.

Se adapta muito bem à vida em família, conquanto seja conduzido para passear de vez em quando, pois tem muita energia e se não puder gastá-la, perde o humor muito facilmente. Contudo é muito sociável e faz amizade rapidamente com qualquer pessoa, desde os que pertencem a família até com estranhos que acabou de conhecer.

Golden Retriever - características	avaliação	Ficha Técnica	
Nível de Energia	☺☺☺	Altura	de 51 cm a 61 cm
Resistência Exercício	☺☺☺	Peso	30 kg
Humor	☺☺☺☺☺	Cores	creme e dourada
Afetividade	☺☺☺☺☺	Expectativa de vida	12 a 14 anos
Adestramento	☺☺☺☺☺	Personalidade	amigavel e prestativo
Cão de Alerta	☺☺☺	Relação com crianças	ótimo
Cão de Guarda	☺☺	Relação com cães	muito bom
Cuidados	☺☺☺	Competências	cão guia / resgate
Outros Cães	☺☺☺☺☺	Necessidade de Espaço	jardim ou pátio
Clima Frio	☺☺☺	Cuidados	escovação diária
Clima Quente	☺☺☺	Custo para manter	alto
Espaço Necessário	☺☺		
Crianças	☺☺☺☺☺		

10 – Buldogue Francês

Esta é uma raça querida entre os brasileiros e uma das mais vendidas no país. Isso se dá muito provável pelo seu jeito carinhoso. Há discussões e divergências sobre a origem da raça, mas a mais aceitada é a toy inglesa.

Diferentemente da fama de agressivo que alguns lhe atribuem, é um cachorro de convivência carinhosa, boa interação com crianças e entre a família. É, inclusive, um cão engraçado, brincalhão e corajoso. Crianças poderão conquistar sua empatia, mas não é o forte dele.

Não necessita de tantos exercícios, mas como todo ser vivo precisa de atividades físicas, ou seja, espaço e passeios. Inclusive se deixado muito tempo a só, ficará triste e estressado comportando-se nesses casos de forma destrutiva. São extremamente sensíveis ao calor, em dias quentes requerem cuidados. Mas não os ponha em águas profundas pois não sabem nadar.

O adestramento dessa raça não é dos mais fáceis, exigindo do tutor muita calma e gratifica-lo com recompensas, pois tende a ser teimoso.

Mais conhecido como cão de companhia, também pode assumir o posto de cão de guarda, pois na presença de desconhecidos costuma latir bastante.

Buldogue Francês - características	avaliação	Ficha Técnica	
Nível de Energia	☺☺☺	Altura	30 cm
Resistência Exercício	☺	Peso	8 a 14 kg
Humor	☺☺☺	Cores	branco ou tigrado
Afetividade	☺☺☺	Expectativa de vida	12 anos
Adestramento	☺☺	Personalidade	ativo
Cão de Alerta	☺☺☺	Convívio com crianças	ótimo
Cão de Guarda	☺	Convívio com cães	ciumento
Cuidados	☺	Competências	cão de cia
Outros Cães	☺☺☺	Necessidade de Espaço	em casa
Clima Frio	☺☺☺	Cuidados	
Clima Quente	☺	Custo para manter	moderado
Espaço Necessário			
Crianças	☺☺☺☺☺		

Futuro Dog Walkers: para aumentar seus conhecimentos sobre raças de cães, sugere-se aprofundar as pesquisas dessa área e sempre conhecer a raça do cão o qual irá passear antes do encontro, a fim de estudá-lo antecipadamente.

CAPÍTULO 4: ESTRATÉGIAS DE NEGÓCIO

Ampliando A Visibilidade Dos Seus Serviços E Captando Mais Clientes

A propaganda é a alma do negócio, não é mesmo? Naturalmente quando pensamos na divulgação dos serviços, pensamos que um simples cadastro nos aplicativos de dog walker (falaremos sobre eles no próximo tópico) seja suficiente para atrair clientes. Mas isso não é tudo!

Existem outras formas de potencializar sua atração de clientes e divulgar seu portfolio profissional e de quebra, maximizar seus ganhos (isso mesmo) agora vamos se ater ao plano de divulgação, no tópico específico falaremos sobre renda extra.

a) Aplicativos

Notadamente, os aplicativos de Dog Walker são o primeiro passo. Ainda é por meio deles que a maioria das pessoas procuram profissionais desta área. A mútua confiabilidade oferecida por essas plataformas é o que garante o maior "push" de clientes.

O surgimento desses aplicativos é exponencial a medida do tempo, e parece que nenhum deles ainda despontou como a Uber despontou na área de corridas por aplicativos, portanto aqui vamos relacionar 3 dos mais bem avaliados e/ou com maior número de inscritos até esta data no Google Play:

Dogme: lançada no final de outubro de 2016 e fundada por Guilherme Martinez e Gustavo Dal Pian parece ser a mais popular do seguimento. Conheça mais sobre ela nesse link: https://revistapegn.globo.com/Startups/noticia/2017/05/ap

licativo-encontra-uma-pessoa-para-levar-seu-cachorro-passear.html .

DogWalk: Lançada em 20 de agosto de 2015 e atualizada em 21 de junho de 2018 foi desenvolvida pela Tractive e conta com mais de 50.000 downloads na Google Play.

DOG HERO: este está mais para um "Airbnb" de cães do que para passeadores, mas dependendo da sua disponibilidade e estratégia de negócio, pode ser muito interessante. Foi oferecido pela própria Dog Hero desde novembro de 2014. Dowloads: 100.000. Disponível no Google Play.

Essas três sugestões são gratuitas, há muitas outras e também versões de aplicativos pagos. Verifique na sua região qual aplicativo tem recebido melhor aceitação e cadastre-se. Você pode se cadastrar em mais de um também.

A captação de clientes não se dá exclusivamente por meio de aplicativos. Eles oferecem diferenciais como o acompanhamento do passeio pelo dono etc mas não impede que após o cliente adquirir a confiança em você e conheça seu trabalho, contrate ou indique seus serviços a outros. sem o uso dessa ferramenta. Caberá a você aceitar e escolher que forma prefere trabalhar.

b) Redes Sociais, Blog ou Página Pessoal

Essa é uma excelente oportunidade de você fazer a "vitrine" do seu trabalho, receber feedback público pelos seus bons serviços prestados, fidelizar e atrair novos clientes e até aumentar sua renda monetizando sua página (falaremos mais no próximo tópico).

Existem diversas possibilidades gratuitas de criação de sites e blogs, com rápidas possibilidades de monetização, as mais populares são WordPress, Wix, Behance,

Blogger, e DevianArt. Todas são bastante funcionais e intuitivas, bem fácil de montar.

c) Cartão de Visita

Pode parecer meio "vintage" nos dias de hoje, mas é verdade: possuir cartões de visita são uma ferramenta estratégica na sua atividade. Imagine algum morador próximo de onde você esteja caminhando com os pets ou até um passante frequente queira conhecer ou já solicitar seus trabalhos? É uma "carta na manga".

d) Jornal ou Revista de Bairro

Se você for a fundo e se dedicar exclusivamente a atividade, vale a pena até investir um pouco mais em publicidade. Porque não divulgar seus serviços nessas mídias impressas nos bairros? Elas costumam ter um preço mais acessível e um ótimo retorno. Compre apenas um mês de publicação para fazer uma análise.

e) Boca a Boca

O 'boca a boca" é a mais eficaz forma de divulgação do seu trabalho. Ele também potencializa a divulgação de todos os outros canais. Prestando um bom serviço, com diferenciais e qualidades exclusivamente suas, você se destacará e atrairá novos clientes. Imagine que apenas um serviço executado com excelência em um condomínio poderá lhe trazer a procura de outros moradores através de indicação.

Projeção De Ganhos De Um Dog Walker

O mercado pet é gigantesco no Brasil. E igualmente no mundo. Segundo reportagem da página InfoMoney[1] de 13 de abril de 2018, esse seguimento atravessa a recessão sem crise, movimentou 25 bilhões ano passado. Ainda informa que são 53 milhões de cães nos lares brasileiros conforme pesquisa recente do IBGE.

O crescimento da atividade de Dog Walker pega carona e a remuneração é atrativa. Dependendo da região e bairro, há quem pague até R$ 200,00 por passeios.

A média paga por um passeio básico de até uma hora varia R$ 20,00 a 40,00 conforme o porte do animal. Considerando a possibilidade de fidelizar o cliente, você pode combinar preços fechados por semana/mês...

Vamos fazer uma análise hipotética e bem modesta de ganhos. Consideraremos um preço médio entre R$ 20,00 e R$ 40,00 e um número reduzido de passeios:

Valor cobrado por passeio:	R$ 30,00	Número de passeios no dia	Passeios		
Análises			Diário	Semanal *	Mensal **
Hipotese A		1	R$ 30,00	R$ 150,00	R$ 600,00
Hipotese B		2	R$ 60,00	R$ 300,00	R$ 1.200,00
Hipotese C		3	R$ 90,00	R$ 450,00	R$ 1.800,00
Hipotese D		4	R$ 120,00	R$ 600,00	R$ 2.400,00

Considerando que muitas vezes seu gasto maior será apenas de sola de sapato e calorias, a lucratividade pode ser altíssima.

[1] "Sem Crise: Mercado Pet No Brasil É O Terceiro No Mundo Em Faturamento"
Disponível em: https://www.infomoney.com.br/negocios/canal-do-empresario/noticia/7375940/sem-crise-mercado-pets-brasil-terceiro-mundo-faturamento

7 Sugestões de Serviços Agregados Geram Mais Renda Extra

A renda através dos passeios pode ser só a ponta do iceberg. Sabendo montar sua estratégia e maximizando seu negócio, através da oferta de outros produtos/serviços agregados, você poderá ganhar uma renda extra expressiva. Vamos ver algumas ideias.

1 – Faça parcerias

Lembra da ideia do blog ou site, onde comentei que você poderia "monetizá-lo"? Pois bem, além de vitrine profissional ele pode render um dinheirinho. Monetizar se você não estiver familiarizado com o termo é tornar sua página (blog/site) lucrativo, através da exposição de anúncios que remuneram você com uma comissão (geralmente por vendas.

Para isso você precisa alimentar seu blog/site com conteúdo; informações, dicas, sugestões, textos... depende da sua criatividade e talento. Depois que seu blog/site já contar com um volume de conteúdo interessante, divulgue-o! Quanto mais pessoas o conhecerem, visitarem e acessarem diariamente, mais rentável ele se torna.

O último passo é formar parcerias. Essas podem vir da própria internet (há muitos anunciantes que monetizam páginas) ou mais interessante ainda: converse e busque parcerias locais com veterinárias, pet shops, lojas desse seguimento...

Se a empresa não fornece um produto físico é prestadora de serviços ou há muitos produtos e só gostaria de divulgar a marca ou estabelecimento dela, combine valores com aluguel de tempo de anúncio ou até mesmo troque por um espaço no estabelecimento dela para você divulgar seu serviço. Imagine um cartaz ou cartões seu disponíveis no balcão de pagamento de um pet shop? Ótima oportunidade de visibilidade e negócios.

2 – Vendas

Essa é outra área que pode ser explorada por você revendendo diretamente algum produto. Lembra quando falamos da placa identificadora/pingente? Esse é só um dos inúmeros produtos pet que você poderá vender.

Use sua página web para divulgar o (s) produto (s) e/ou também ofereça-os direto aos donos dos bichinhos.

3 – Entrega de Produtos

É um nicho possível de ser explorado, entregar rações, medicamentos, levar e trazer o pet no veterinário, banho e tosa... tudo dependerá do meio de condução que você dispuser.

Se você precisar de veículo para realizar entrega de produtos maiores, como rações por exemplo, ou deslocar em longas distâncias (levar-trazer ao veterinário/banho e tosa) deve estudar bem a logística para não sair no prejuízo.

O ideal neste caso é já ter formado uma carteira de clientes mais fidelizados, me refiro aqueles mais frequentes com planos de passeio semanal/mensal, pois ficará muito mais fácil encaixar vários passeios, entregas, buscas na mesma região dentro daquele horário que você permanecerá nela.

4 – Serviços especializados agregados

Possuindo um pouco mais de conhecimentos ou podendo investir mais em treinamento, você pode oferecer outros serviços concomitantes; como adestramento, treinamento, banho, tosa, escovação etc.

Nesse caso é imprescindível ter o conhecimento da área a que deseja oferecer.

5 – Passeios Em Parques Nos Finais de Semana

Os parques das grandes cidades são tomados por pessoas todos finais de semana. Muitas dessas pessoas podem levar seus pets e precisarem de um apoio em determinados períodos, como quando saem para almoçar, ir ao banheiro ou sentar-se e conversar.

Pode-se pesquisar esse nicho e ver se o passeio no parque não pode render alguns extras também.

Se não for passeando, pode também oferecer produtos da linha pet em alguma barraca ou tenda e na oportunidade nunca esqueça de oferecer seus serviços de Dog Walker também.

6 – Fotografia

Fotografar animais de pedigree em praças, parques e gramados em dias bem ensolarados podem render belíssimas fotos. Essas podem ser vendidas para banco de imagens ou até mesmo aproveitadas no seu blog/site.

Mas preste muita atenção: A Lei 9.610 de 19/02/1988 considera a fotografia, como também uma série de outras obras digitais, um trabalho artístico, e as protege: "Art. 22 Pertencem ao Autor os direitos morais e patrimoniais sobre a obra que criou".

Contudo, há uma questão ética aqui; o animal não é seu! Então estude melhor sobre o assunto e sempre consulte o proprietário, pergunte se ele tem ou não alguma objeção em fotografar o bichinho. E para garantir e evitar processos futuramente, peça uma autorização formal para publicar no seu blog/site ou mesmo comercializar. Além disso, é necessário ter um equipamento profissional e sua utilização e manuseio em local público deve ser com cautela.

7 – Hospedagem Temporária / DOG SITTER

Aqui você tem a oportunidade de dar o "pulo do gato" nas temporadas de menor procura. Aplicativos como o Dog Heros busca tutores para receber os cães em suas casas enquanto os donos estão fora.

Épocas como dezembro a janeiro e julho costumam ser fracas para os Dog Walkers já que muitas pessoas viajam. Assim você poderá continuar com renda desta forma.

E porque não hospedar alguns bichinhos na sua casa? Desde novembro e dezembro você pode ir conversando com os proprietários, pesquisando de deixarão os bichanos em casa ou não, e ofereça o serviço. Claro, desde que você possa recebe-los na sua casa.

Se os donos desejarem que você apenas monitore os cãezinhos com alimentação e passeio nas suas próprias casas durante as férias, não hesite.

Afinal, ao invés de reduzir seus ganhos nesse período você poderá até ampliá-los e quem sabe ganhar até um pouco mais, já que além do passeio você estará cuidando do bichinho e a casa enquanto os donos estão fora.

Como Surpreender Seu Cliente E Fidelizá-lo

Lembre-se: por maior que seja seu amor aos animais, você também trabalhará para pessoas.

É fundamental saber conquistá-las também. Dê a atenção ao dono antes de iniciar o passeio, depois será a vez do peludo, observe com atenção as instruções dadas pelo proprietário e transmita segurança e confiança naquilo que você está prestes a fazer.

Primeiramente, proporcione um ótimo passeio ao peludo; a qualidade do seu trabalho é essencial.

Ao devolver o cãozinho, uma sugestão: ofereça sempre algo novo, coloque nem que seja um lacinho (que é barato) no animal.

Deixe um cartão de visita, contendo seus contatos e telefônicos e das redes sociais, blogs etc.

Isso já irá diferenciá-lo dentre os demais e possivelmente a chance daquele cliente fidelizar com você serão maiores.

CAPÍTULO 5: ENCERRAMENTO

Conquiste seu amigo

Como já foi citado nesse ebook, muitos cães são utilizados até mesmo em terapias, dada sua capacidade de retorno a nós humanos. Faça dessa atividade muito mais que lucrativa, mas prazerosa.

Quem tem um cão sabe o quanto essa espécie gosta da companhia dos humanos e são fieis a eles. Não é por menos que sentem até falta, choram, adoecem quando os donos se afastam.

Divida verdadeiramente momentos de carinho e ternura com o animal, ninguém vai expor seus sentimentos de forma tão sincera e verdadeira a você do que eles, faça-os se sentirem especiais também, e não apenas mais um "cliente" nos seus negócios.

Divirta-se!

Lista de Sites Para Buscas de Informações Úteis Complementares e de Associações Protetoras de Animais

Nacionais e Internacionais

American Kennel Club   https://www.akc.org/

Arca Brasil   http://arcabrasil.org.br/#

Confederação Brasileira de Cinofilia http://cbkc.org/

UIPA União Internacional Protetora dos Animais
http://www.uipa.org.br/

Estaduais

Minas Gerais - SOS Bichos http://www.sosbichos.com.br

Rio de Janeiro – Vira Lata É Dez http://www.viralataedez.com.br/

São Paulo – Instituto Nina Rosa http://www.institutoninarosa.org.br

Pará – Associação de Defesa e Proteção Animal
http://www.asdepa.com.br

Goiás – Associação Protetora e Amiga dos Animais
http://www.aspaananapolis.blogspot.com.br

Rio Grande do Sul – Ass. Protetora dos Animais de Canoas
http://www.aprocan.com/

Bahia – Associação Brasileira Protetora dos Animais
http://www.abpabahia.org.br/

Ceará – União Protetora de Animais Carentes
http://upacfortaleza.wordpress.com

Distrito Federal – Associação Protetora dos Animais do Distrito Federal www.proanima.org.br

Mato Grosso – Rondopolitana de Proteção aos Animais Abandonados www.arpaa.com.br

Paraná – Ong do Cão www.ongdocao.org.br

Pernambuco – Rede de Adoção www.rededeadocao.com.br

Santa Catarina – Sociedade Amigo dos Animais www.rededeadocao.com.br

Considerações Finais

Chegamos ao final dessa edição. Espero que a leitura tenha contribuído para enriquecer seus conhecimentos e encorajá-lo (la) a dar o pontapé na atividade de Dog Walker.

Dúvidas, sugestões, críticas ou elogios podem ser encaminhados para o email: toandandoeganhando@gmail.com.

Sucesso!

www.ingramcontent.com/pod-product-compliance
Lightning Source LLC
Chambersburg PA
CBHW030445220526
45464CB00006B/2417